So wächst unser Essen!

Vom Korn zum Mehl, von der Kakaobohne zur Schokolade

Text: Emily Bone

Illustrationen: Sally Elford

Inhalt

Gestaltung: Vickie Robinson

Nahrungsmittelexperte: Rupert Aker

Am Anfang ist ein kleiner Samen

Kaum zu glauben, aber wahr: Fast alle unsere Nahrungsmittel beginnen als kleines Samenkorn. Gelangen die Samen in die Erde, so wachsen sie mithilfe von Wärme, Wasser und Sonnenschein zu üppigen Pflanzen heran.

1 Es ist später Frühling. Im warmen, feuchten Boden ruht eine glänzende braune Bohne.

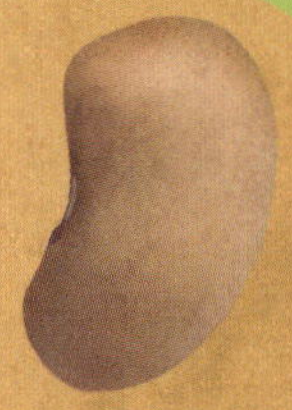

2 Aus der Bohne wächst eine Wurzel nach unten und ein Spross streckt sich nach oben.

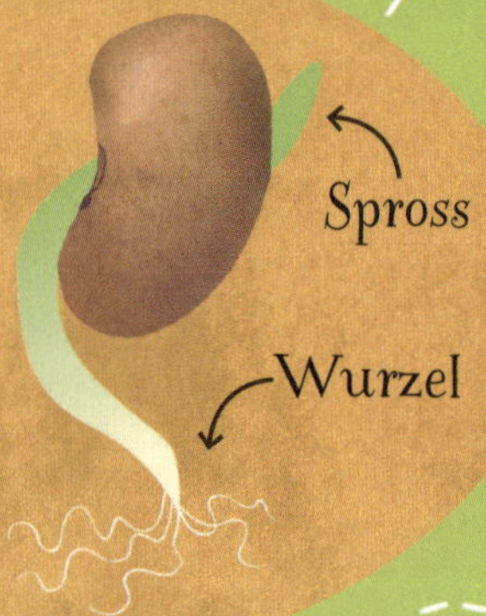

3 Einige Wochen später steckt der Spross sein Köpfchen aus der Erde und richtet sich auf.

4 Am Spross entfalten sich grüne Blätter. In ihnen werden mithilfe von Sonnenlicht Nährstoffe hergestellt, damit die Pflanze groß und stark wird.

In der Erde saugen die Wurzeln Wasser mit wichtigen Mineralstoffen auf. Die braucht die Pflanze, um zu wachsen.

5 Während die Bohnenpflanze immer weiter in die Höhe wächst, windet sich ihr Stängel um einen Bambusstab.

6 Schon bald erblühen unzählige rosa-violette Blüten, die nach einigen Wochen verwelken und abfallen. Aus der Blütenmitte wächst eine Bohnenhülse.

In der Hülse sitzen die Bohnen, das sind die Samen. Aus ihnen wachsen neue Pflanzen.

wachsende Bohnenhülse

In jeder Bohnenhülse wachsen mehrere Samen.

Samen haben viele unterschiedliche Formen und Größen ...

Rote Bete

Kohl

Tomate

Apfel

Mais

Kürbis

Salat

Fleißige Bienchen

Summende Bienen schwirren von Blüte zu Blüte und schlürfen deren süßen Nektar. Dabei sorgen sie gleichzeitig dafür, dass neue Pflanzen wachsen.

1 An einer Erdbeerpflanze erblühen hellgrüne Knospen zu weißen Blüten.

2 In den Blüten ist süßer Nektar und ein gelber Blütenstaub, der Pollen genannt wird.

Angelockt von den bunten Blüten, trinken die Bienen den köstlichen Nektar. Dabei bleiben Pollenkörner an ihren Körperhaaren kleben.

3 Die Bienen summen von Blüte zu Blüte und verteilen den Pollen.

Pflanzen brauchen den Pollen einer anderen Pflanze, um Früchte zu bilden. Das bezeichnet man als Bestäubung.

Honig

Bienen transportieren Nektar in ihren Honigmägen zum Bienenstock. Dort spucken sie ihn in Zellen, wo er von anderen Bienen zu Honig verarbeitet wird.

Erdbeerbeete werden oft mit Stroh unterlegt, damit die Früchte nicht den feuchten Boden berühren und verfaulen.

4 Ist eine Blüte mit Pollen bestäubt, wächst in der Mitte der Blüte eine winzige grüne Erdbeere. Die Blütenblätter vertrocknen und fallen ab.

5

In mehreren Wochen voller Sonnenschein und Wärme reifen die Erdbeeren heran. Erst sind sie grün, dann weiß und zum Schluss rot.

6 Wenn sich die tiefroten Früchte weich anfühlen und süß duften, sind sie reif. Jetzt kannst du sie ernten.

Babypflanzen

Erdbeerpflanzen entwickeln sich aus Samen. Sie können aber auch aus Seitensprossen oder Ablegern entstehen. Wenn diese den Boden berühren, bilden sie Wurzeln. So treibt eine neue Babypflanze aus.

Frisch und fruchtig

Um zu reifen, brauchen Früchte Sonne. Deshalb wachsen sie dort, wo viel Sonnenlicht ist: oben in Bäumen, verteilt an Sträuchern oder aufgereiht an Ranken. Die meisten Früchte sind im Spätsommer erntereif.

Bäume

Im Frühling locken die duftenden Blüten der Obstbäume Bienen und Insekten an. Sie verteilen den Pollen.

Apfelbäume

Orangen wachsen aus zarten weißen Blüten, die aromatisch duften.

Die grünen Früchte werden in der warmen Sonne größer und färben sich orange.

Obstpflückerinnen und Obstpflücker ernten jede Frucht einzeln vom Baum.

Sträucher

Einzeln oder in Trauben hängen Beeren an Obststräuchern.

Schwarze Johannisbeere

Blaubeere

Kletterpflanzen

Weintrauben gedeihen an rankenden Weinreben.

Weintraube

Zitronen, Limetten und Orangen haben eine dicke ölreiche Schale.

Im Inneren von Feigen und Granatäpfeln sind viele kleine essbare Samen.

Früchte von Bäumen

Große Samen werden Stein oder Kern genannt. Sie sind zu groß und zu hart, um sie zu essen.

Früchte von Sträuchern

Passionsfrüchte wachsen an einer Kletterpflanze mit prächtigen Blüten.

Früchte von rankenden Pflanzen

Grün, knackig und gesund

Von krausen Blättern bis hin zu zarten Stängeln gibt es viele essbare Pflanzenteile, die gesund sind und auch gut schmecken.

Blätter

Hier sind einige Gemüsepflanzen mit großen, schmackhaften Blättern.

Spargelstangen sind die langen Stängel der Spargelpflanze. Wenn an den Spitzen kleine Blütenknospen erscheinen, werden die Stangen geerntet.

Wir essen Blüten ...

... wenn wir Brokkoli oder Blumenkohl verspeisen.

Brokkoli- und Blumenkohlköpfe bestehen eigentlich aus vielen kleinen Blütensprossen.

Stängel

Da die Blätter der Rhabarberpflanze giftig sind, essen wir nur die sauren Stängel. Beim Sellerie sind sowohl die Stängel als auch die Blätter zum Verzehr geeignet.

Erbsen sind Samen ...

... die aufgereiht in einer Hülse wachsen. Auf Erbsenfeldern schütteln Maschinen die Erbsen aus den Hülsen. Damit sie frisch bleiben, werden sie sofort eingefroren.

Zwiebeln ...

... bestehen aus übereinandergeschichteten fleischigen Blättern. Auch Lauch und Knoblauch gehören zu den Zwiebelgewächsen.

Essen aus der Erde

Unsichtbar für uns reifen unter der Erde zahlreiche Gemüsepflanzen heran. Wenn du gräbst, findest du ihre dicken unterirdischen Wurzeln und Stängel.

Karotten wurden früher wegen ihrer essbaren Blätter geschätzt.

Heute baut man Karotten wegen ihrer knackigen orangefarbenen Wurzeln an.

Die Blätter der Roten Bete, Speiserübe und des Radieschens ähneln sich, weil die Pflanzen miteinander verwandt sind. Sie gehören alle zur Familie der Kohlpflanzen.

Die Süßkartoffel ist ein süß schmeckendes Wurzelgemüse, das innen weiß, gelb, orange oder violett ist.

Eine Kartoffelknolle ist ein verdickter Spross.

Über der Erde hat die Kartoffelpflanze viele Blätter. Diese Blätter sind ungenießbar und sehr giftig.

Kartoffelpflanzen tragen manchmal auch giftige Früchte. Vorsicht! Sie sehen ein bisschen aus wie kleine Tomaten.

Kartoffeln wachsen in der Erde, wo das Sonnenlicht sie nicht erreicht. Knollen, die nahe an der Oberfläche wachsen, werden grün und sind dann ebenfalls giftig.

Aus einer einzigen Kartoffel, einer sogenannten Mutterknolle, wächst eine neue Pflanze mit vielen Tochterknollen.

Wurzelvielfalt

Wurzelgemüse kommt in vielen verschiedenen Arten und Farben vor – in Violett, Gelb, Orange, Schwarz, Rot oder Blau. Von der Kartoffel gibt es über 4000 Sorten.

Nüsse zum Knabbern

Nüsse wachsen auf eigenartige und manchmal erstaunliche Weise. Wir essen nur das Innere der Frucht, das auch Kern genannt wird.

Nüsse haben oft eine harte Schale, die man knacken muss, um an den weicheren Kern im Inneren zu gelangen.

Pinienkerne kommen in den Zapfen des Pinienbaums vor. Wir essen den weichen weißlichen Kern, den eine dunkle Samenschale umgibt.

Im Inneren einer Mandelfrucht unter einer harten Schale befindet sich die Mandel.

Cashewbäume tragen Cashewäpfel. Unten an dem Apfel sitzt die Cashewfrucht mit dem Kern.

Hier siehst du den Querschnitt einer Cashewfrucht. Im Inneren liegt der essbare Kern.

Nach Erdnüssen graben

Die Samen der Erdnusspflanze kennen wir als Erdnüsse. Der englische Name „peanut“ bedeutet im Deutschen wörtlich „Erbsennuss“, denn die Pflanze gehört wie die Erbse zu den Hülsenfrüchten.

Die Erdnusspflanze ist klein und grün mit ovalen Blättern und gelben Blüten.

1

Im Frühling blüht die Pflanze.

2 Die Blütenblätter fallen ab und der Stängel biegt sich nach unten.

3 Aus jedem Blütenstängel sprießt ein langer Fruchtstiel.

Erdnüsse reifen wie Erbsen in Hülsen heran.

4

Der Fruchtstiel bohrt sich in den Boden und bildet am Ende eine Hülse.

5

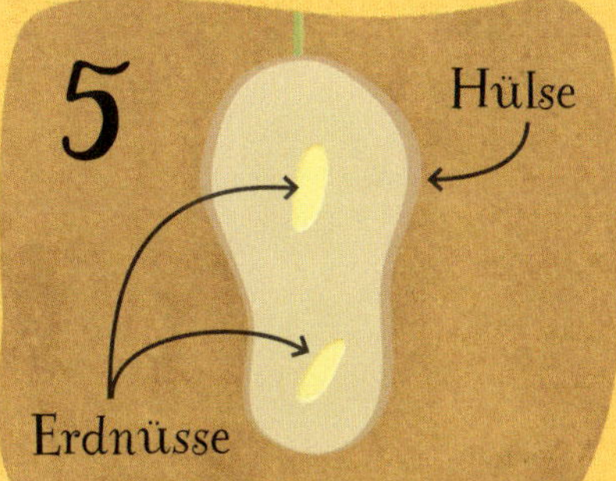

Die Hülse wächst und im Inneren gedeihen zwei Erdnüsse.

6

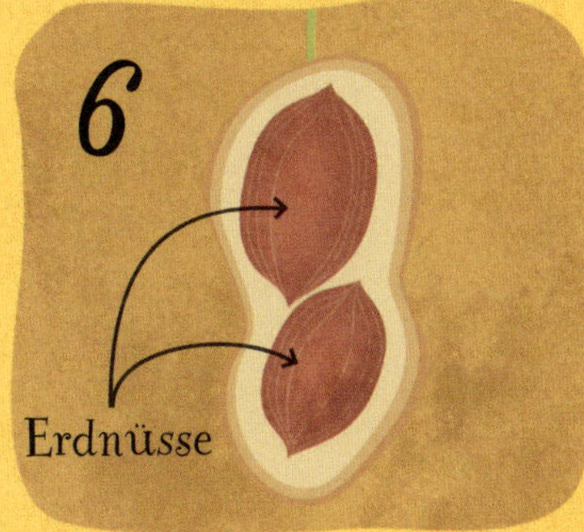

7

Jede Pflanze bildet zahlreiche Hülsen.

Erdnüsse werden geschält, getrocknet und oftmals geröstet, bevor wir sie essen.

Sonnig und warm

Ein Gewächshaus ist der ideale Ort für Pflanzen, die nicht gern draußen in der Kälte stehen. Die Wände und die Decke sind aus Glas oder Kunststoff, um das Sonnenlicht hereinzulassen und die Wärme zu speichern.

1

Aus Tomatensamen wachsen kleine Setzlinge, also Babypflanzen mit zarten Blättern.

Oft werden Tomaten in Treibhäusern gezogen, weil sie nicht zu nass werden dürfen.

2

Die heranwachsenden Pflanzen werden in größere Töpfe umgepflanzt.

Die Pflanzen müssen regelmäßig gegossen werden. Am besten von unten, damit die Blätter trocken bleiben.

3 Die Pflanze bekommt immer mehr Blätter und Triebe …

4 … und sie wird größer und dichter.

5 Kleine gelbe Blüten wachsen an der Pflanze.

Bestäubung

6

Einige Bauern lassen in ihren Gewächshäusern Bienen den Pollen von Blüte zu Blüte tragen; andere übertragen ihn von Hand.

7 Ist eine Blüte bestäubt, bildet sich eine kleine grüne Tomate.

8 Die Tomaten reifen heran. Zuerst sind sie grün …

… dann orangefarben …

… und schließlich rot.

9 Die roten Tomaten sind reif und können geerntet werden.

Tomatensorten

Nicht alle Tomaten werden rund und rot. Hier siehst du einige andere Sorten.

Grünes Zebra

Orange Flaschentomate

Ochsenherztomate

Gelbe Cocktailtomate

Schwarze Krim

Windbestäubung

Viele Nahrungspflanzen brauchen Insekten, die ihren Pollen verbreiten. Es gibt aber noch eine andere zuverlässige Methode …

… den Wind.

Maispflanzen haben lange rispenförmige Blütenstände mit vielen winzigen Blüten.

1 Die Rispen schaukeln im Wind hin und her, wobei die Blütenpollen in der Luft verteilt werden. Der Wind trägt die Pollen auf andere Pflanzen.

Die Gräser-Familie

Graspflanzen haben winzige Blüten, die durch den Wind bestäubt werden. Die Gräser, die wir als Nutzpflanzen anbauen, nennen wir Getreide. Wir essen ihre kleinen Samen oder Körner.

Weizenkörner wachsen aus winzigen glockenförmigen Blüten.

Reiskörner sprießen aus den Blüten der Reispflanze.

2 Dort bleiben die Pollen an Griffeln hängen. Das sind Fäden, die aus den Ährchen ragen.

Die Ährchen sitzen im Kolben, der von Blättern umhüllt ist.

3 Durch die Pollen wachsen die Ährchen zu Maiskolben heran.

4 Die Maiskolben werden größer und dicker. Sie sind reif, wenn die Griffel dunkelbraun und trocken sind.

Griffel

5 Wenn du nun die äußeren Blätter abziehst, findest du reihenweise kleine goldgelbe Maiskörner.

Andere Pflanzen, die der Wind bestäubt

Quinoa

Die Quinoasamen (ausgesprochen: ki-no-a) werden getrocknet und ähnlich wie Reis gekocht.

Quinoasamen

Rapssamen

Aus den Samen der Rapspflanze wird Öl gepresst, das in Flaschen abgefüllt und zum Kochen verwendet wird.

Walnüsse

Walnussblüten

Pistazienblüten

Pistazien

So wird Mehl gemacht

Brot, Nudeln, Kuchen, Brötchen, Plätzchen oder Torten haben alle eine gemeinsame Zutat: Mehl. Aber woher kommt das Mehl? Wieder beginnt alles mit einem kleinen Samenkorn, oft ist es ein Weizenkorn. Aber viele verschiedene Körnerarten werden zu Mehl gemahlen.

Weizensamen oder Weizenkörner sehen so aus und sind auch so groß wie sie hier abgebildet werden.

Im Frühling

Die Landwirtin oder der Landwirt sät die Weizensamen in geraden Reihen aus. Dafür verwendet sie oder er eine Drillmaschine, die von einem Traktor gezogen wird.

Einige Weizensorten werden im frühen Winter gesät. Dazu gehört auch der Hartweizen, aus dem Pasta gemacht wird.

Hinter der Drillmaschine folgt ein Traktor mit einer schweren Walze, die den Boden glättet und die Samen mit Erde bedeckt.

Im Laufe des Frühlings sprießen junge grüne Weizenpflanzen aus dem Boden und wachsen.

Im Sommer

Während der langen warmen Sommertage gedeiht der Weizen und nimmt eine goldgelbe Farbe an.

Am oberen Teil der Halme befindet sich die Ähre, an der die Körner sitzen.

Körner

Die Halme kennt man als Stroh.

Landwirtinnen und Landwirte ernten den Weizen mit einem Mähdrescher. Dieser hat vorn ein Schneidwerk, das die Halme abschneidet.

Gleichzeitig trennt der Mähdrescher die Körner vom Stroh und befördert sie in einen Transportanhänger.

Die Körner werden zu einer Fabrik gebracht, wo sie zu Mehl gemahlen werden.

Im Winter

Der Boden auf den Feldern wird umgepflügt, damit im folgenden Jahr wieder Weizensamen gesät werden können.

Der Schokoladenbaum

Jede Schokolade, die wir verputzen, wird aus Kakaobohnen hergestellt. Das sind die bitteren Samen der Kakaobäume. Sie kommen in heißen, feuchten Regenwäldern vor.

1 Kakaobäume tragen auffällig gefärbte Früchte. Diese wachsen aus kleinen Blüten, die von Fliegen bestäubt werden.

Die Früchte hängen sowohl an den Ästen als auch am Stamm.

Affen naschen gerne das süße Fruchtfleisch der Kakaofrüchte, spucken aber die harten Kakaobohnen aus. Diese fallen auf den Boden und es entstehen neue Kakaobäume.

2 Wenn die Früchte orange leuchten, werden sie von Kakaobauern abgeschnitten.

3 Aus den Früchten kratzen sie die klebrigen Kakaobohnen heraus.

Frische Kakaobohnen schmecken sehr bitter – überhaupt nicht wie süße Schokolade.

4 Damit die Bohnen einen Teil ihres bitteren Geschmacks verlieren, werden sie mit Bananenblättern abgedeckt, um zu vergären.

5 Eine Woche später werden sie in der heißen Sonne ausgebreitet, damit sie trocknen. Beim Trocknen färben sich die Bohnen braun.

6 Die getrockneten Bohnen werden zu einer Schokoladenfabrik transportiert.

Zuerst werden sie geröstet.

Mit großen Walzen werden sie aufgebrochen und zu einem zähflüssigen Brei zermahlen.

Für die Süße der Schokolade wird Zucker hinzugefügt.

Brei und Zucker werden erhitzt und gerührt, bis eine geschmeidige Masse entsteht.

7 Zum Schluss wird die süße Schokoladenmasse in Formen gegossen und abgekühlt.

Zucker

Zucker wird ebenfalls aus Pflanzen gewonnen – und zwar aus dem Saft des Zuckerrohrs oder der Zuckerrübe.

Scharf und würzig

Aromatische Ingwerwurzel oder scharfer Wasabi-Stamm – hier findest du einige Pflanzen und Gewürze, die unsere Mahlzeiten abwechslungsreicher machen.

Die Spargelbohne ist für ihre langen, gekringelten Hülsen bekannt. Sie sind länger als ein Tennisschläger.

Zimt hat einen süß-nussigen Geschmack. Pulver oder Stangen werden aus der getrockneten Rinde des Zimtbaums gewonnen.

Für gemahlenen Pfeffer werden die getrockneten Körner des Pfefferbaums zerrieben.

Ingwer wird wegen seiner scharf-aromatischen Wurzeln angebaut. Die Blüten und Stängel sind ebenfalls essbar.

Die Blätter, Stängel und Blütenköpfe des Chinesischen Brokkoli sind genießbar und schmecken wie kräftiger, etwas bitterer Brokkoli.

Die Blätter und Blüten von essbaren Chrysanthemen können gekocht oder roh verzehrt werden.

Pak Choi, auch chinesischer Senfkohl genannt, ist mit dem Chinakohl verwandt.

Wir können Mungobohnen und Sojabohnen als Samen essen. Ihre Sprossen sind ebenfalls bekömmlich.

Bittermelonen wachsen an langen Ranken. Sie sehen aus wie warzige Gurken und schmecken bitter.

Die Früchte der Okrapflanze geben beim Kochen eine schleimige Substanz ab.

Lotospflanzen kommen in Sümpfen oder seichten Gewässern vor. Gegessen werden die Blüte und die Wurzel, die knackig und knusprig ist.

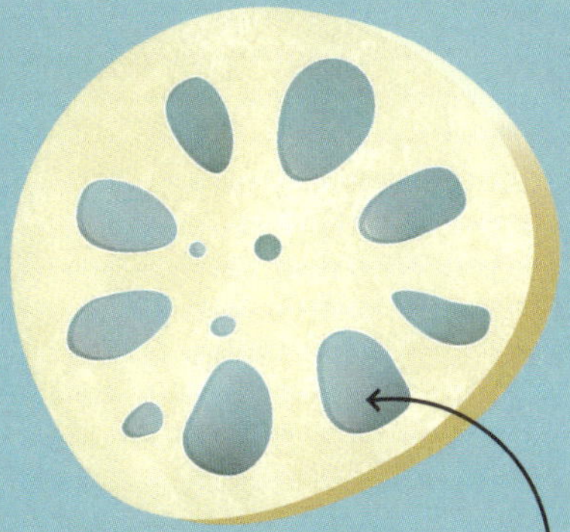

Röhren in der Lotoswurzel sorgen für Sauerstoffzufuhr. Das hilft der Pflanze beim Wachsen.

Wasabi-Stämme gedeihen im Wasser. Sie werden kurz vor dem Verzehr gerieben. Die Masse ist sehr, sehr scharf.

Wasserkastanien sind ein Wurzelgemüse, das in stehenden Gewässern wächst. Die Knollen werden oft in der asiatischen Küche verwendet.

Nasse Reisfelder

Reis ist das Nahrungsmittel, das auf der ganzen Welt am meisten gegessen wird. Da die Pflanzen einen matschigen, feuchten Boden brauchen, um zu gedeihen, wird Reis in Gebieten angebaut, in denen es viel und oft regnet. Hier erfährst du, wie Reis seit vielen Jahrhunderten kultiviert wird.

In manchen asiatischen Ländern begrüßt man sich mit „Hast du heute schon Reis gegessen?“ anstatt „Wie geht's?“.

1 Reisfelder stehen unter Wasser. Da der Reis im Nassen wächst, spricht man auch von Nassreisanbau.

Kräftige Bullen oder Ochsen ziehen Furchen in die Reisfelder.

2 Die aus Reissamen vorgezogenen Setzlinge werden in die Furchen im Wasser gesetzt.

In den USA wird Reis auf riesigen Feldern angebaut. Aus Flugzeugen streut man die Reissamen auf die Felder. Hier handelt es sich um Trockenreisanbau.

3 Bald strecken grüne Pflanzen ihre Halme aus dem Wasser.

4 Nach einem Monat werden die Reispflanzen auseinandergesetzt, damit sie mehr Platz zum Wachsen haben.

Bündel junger Reispflanzen, die noch eingepflanzt werden

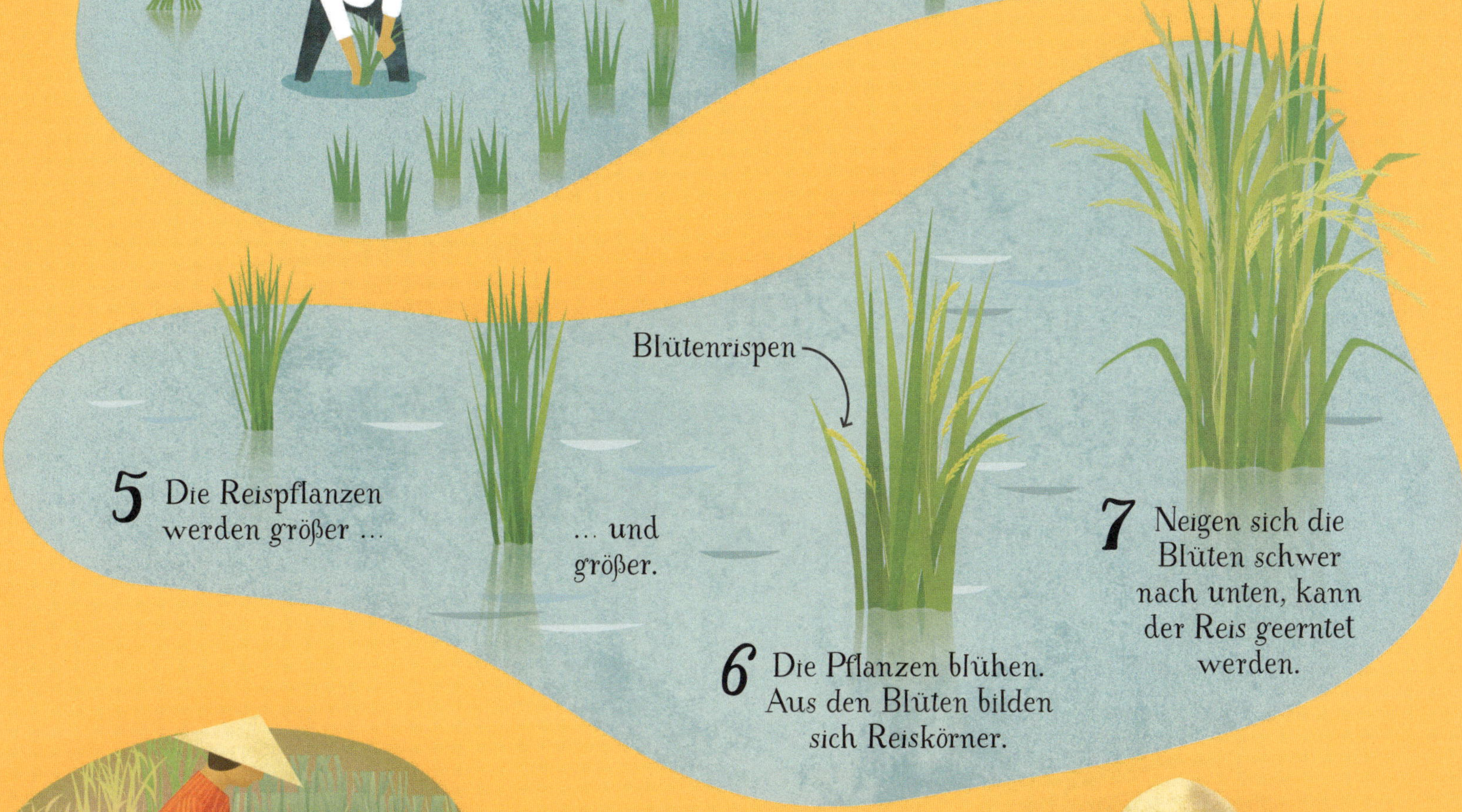

Blütenrispen

5 Die Reispflanzen werden größer …

… und größer.

6 Die Pflanzen blühen. Aus den Blüten bilden sich Reiskörner.

7 Neigen sich die Blüten schwer nach unten, kann der Reis geerntet werden.

8

Die Pflanzen werden abgeschnitten und gebündelt.

9

Die Bündel werden gedroschen, um die Körner vom Stroh zu trennen.

10 Dreck wird ausgesiebt. Danach wird der Reis in Säcke gefüllt und zum Verkauf abtransportiert.

Tropische Früchte

Tropische Früchte kommen nur in Gegenden rund um den Äquator vor, der wie ein Band um die Erde liegt. Dort ist es das ganze Jahr über sehr warm.

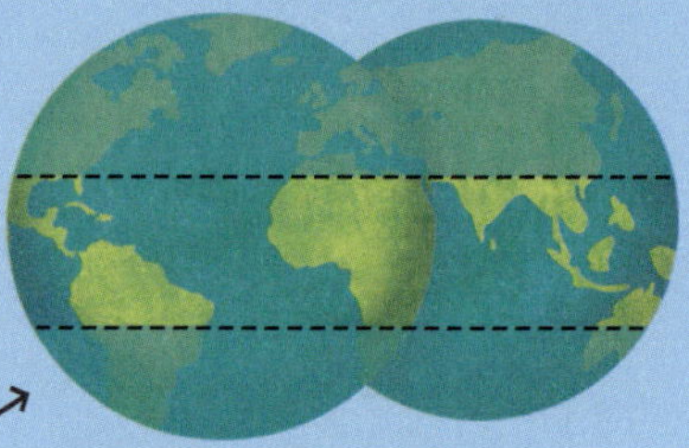

Litschi, Mango, Papaya, Guave und Cherimoya wachsen an tropischen Bäumen.

Litschis kommen in heißen, regenreichen Gebieten vor. Ihre harte Außenhaut muss abgeschält werden.

Ananas wachsen an Pflanzen mit dicken, spitzen Blättern.

Mango

Mangos haben in der Mitte einen harten Steinkern.

In Cherimoyas verbirgt sich ein mehliges Fruchtfleisch, das nach Vanillepudding schmeckt.

Eiförmige Kaktusfeigen findet man an stacheligen Kaktuspflanzen. Sie schmecken süß-säuerlich.

Reife Früchte haben eine leuchtend rote Farbe. Die stachelige Außenhaut solltest du lieber nicht essen!

Guaven sind vollständig essbar, auch Schale und Kerne.

In der Papaya befinden sich viele kleine schwarze Kerne. Iss nur das orangefarbene Fruchtfleisch!

Alles Banane!

1 Weltweit ist die Banane die beliebteste Frucht.

Bananenpflanzen sehen zwar aus wie Bäume, sind aber Stauden. Die „Stämme" bestehen aus fest übereinander geschichteten Blättern.

Aus der Mitte wächst eine Blüte, an der sich winzige Bananen bilden.

2 Bananen wachsen an einem Büschel und richten sich zur Sonne hin aus.

Das Wort Banane stammt vom arabischen Wort für Finger. Mehrere Bananenfinger bilden eine Hand.

3

Noch während die Bananen grün und unreif sind, werden sie abgeschnitten.

4 Die Bananen werden in riesige Kühlcontainer verpackt. Diese werden in die ganze Welt verschifft.

5

Wenn die Bananen ihren Zielort erreichen, kommen sie für einige Tage in Reiferäume, um gelb zu werden.

6 Anschließend liefert man sie in die Geschäfte zum Verkauf.

Das geheime Leben der Pilze

Pilze, auch Fungi genannt, sind die Fruchtkörper verschiedener unterirdisch wachsender Pilzarten. Sie können in völliger Dunkelheit wachsen. Hier erfährst du, wie sie angebaut werden.

1 Pilze wachsen aus winzigen Samen, den Sporen. Diese werden mit Kompost (verrottete Abfälle) vermischt. Das Gemisch heißt Substrat und wird auf langen Regalen verteilt.

Sporenabdruck herstellen

Die Pilzsporen reifen an der lamellenförmigen Unterseite des Huts. Brich den Stiel eines Pilzes vorsichtig ab und lege den Hut auf ein Stück Papier. Decke ihn mit einer Tasse ab und warte einige Stunden. Entferne Tasse und Hut. Nun kannst du auf dem Papier ein Muster sehen – das sind die Sporen.

2 Aus jeder Spore wachsen weiße Fäden. Pilze sind die Fruchtkörper, die später aus diesen Fäden wachsen.

3 Nach einigen Tagen erscheinen die ersten winzigen Pilzköpfe an der Oberfläche des Substrats.

4 Pilze verdoppeln alle 24 Stunden ihre Größe. Sie bilden oben einen großen Hut. Nach ungefähr drei Wochen können sie geerntet werden.

Es gibt viele wild wachsende Pilzarten. Einige sind **hochgiftig**. Alle Pilze auf dieser Seite sind essbar.

Achtung! Sammle niemals alleine Pilze.

Diese großen Champignons heißen Riesenchampignons.

Zucht-Champignons wie auf der vorherigen Seite haben einen weißen Hut. Es gibt auch braune.

Diese Samtfußrüblinge oder Enoki haben einen kleinen Hut, dafür aber einen ungewöhnlich langen Stiel.

Shiitakepilze

Austernpilze

Shiitakepilze werden auf sogenannten Substratballen gezüchtet.

Wildpilze wachsen oft an feuchten und schattigen Plätzen am Fuß von Baumstämmen.

Dieser merkwürdig aussehende Pilz heißt Schwefelporling, da er schwefelgelb bis orange gefärbt ist.

Diese wild wachsenden Pilze heißen Steinpilze oder Herrenpilze. Sie haben einen Schwamm an der Unterseite des Huts.

Trüffel wachsen meist unter der Erde. Schweine oder Hunde erschnüffeln diese Pilze und graben sie aus. Trüffel sind sehr teuer, da sie selten und schwer aufzuspüren sind.

Bis zu 2000 kleine Samen wachsen in der Mitte einer einzigen Sonnenblume.

Die weichen Kerne in der harten Schale der Sonnenblumensamen sind essbar. Aus ihnen presst man auch Speiseöl.

Probiere es aus: Pflanze im Frühling einige Sonnenblumensamen ein und schau, ob aus ihnen neue Sonnenblumen wachsen.

Essbare Samen

Pflanzen bringen Samen hervor, aus denen neue Pflanzen wachsen können. Die Samenkörner stecken in verblühten Blütenständen, in aufgeplatzten Hülsen oder im Inneren von Früchten. Manche dieser Samen sind genießbar – und köstlich.

Hirse ist eine Grasart. Aus den Samen an den rispenartigen Fruchtständen wird Mehl für Brot gemahlen.

Die Samen im Inneren von Kürbissen werden geröstet und beim Kochen verwendet. Oder einfach so gegessen.

Sesamsamen wachsen in Kapseln.

Die Kapseln werden kurz vor der Reife gepflückt, denn wenn sie reif sind, platzen sie auf und alle Samen fallen heraus.

Sesamkörner verleihen vielen Gerichten einen nussigen Geschmack. Sie werden zu Öl gepresst oder zu einer Paste zerrieben, die Tahina heißt.

Kürbiskerne haben eine harte weiße Schale, in der der essbare grüne Kern steckt.

Buchweizen ist nicht mit dem Weizen verwandt. Die Blüten der krautigen Pflanze produzieren genießbare Samen.

Buchweizen wird zu Mehl gemahlen, aus dem Nudeln, Pfannkuchen und vieles mehr zubereitet werden kann.

Wenn die Blütenblätter der Mohnblume vertrocknen und abfallen, bildet sich eine Kapsel. Die Mohnsamen in dieser Kapsel werden zum Backen verwendet.

Aus den hellgelben Senfblüten werden kleine Schoten mit würzig-scharfen Senfsamen. Sie werden zum Würzen von Speisen verwendet.

Linsen und Kichererbsen wachsen in Hülsen an krautigen Pflanzen.

Pflanze dein eigenes Essen!

Lass dich von diesem Buch anregen. Du kannst verschiedene Samen kaufen und einpflanzen. Stecke Zitronenkerne, Avocadokerne, Kürbiskerne oder andere Samen in die Erde und beobachte, was passiert.

Stichwortverzeichnis

Zusätzliche Gestaltung: Hayley Wells • Digitale Bearbeitung: John Russell
Redaktion der deutschen Ausgabe: Ulrike Barzik • Übersetzung aus dem Englischen: Jutta Vogt • Satz der deutschen Ausgabe: Carolin Günther
Projektbetreuung: Birgit Zimmerer und Ulrike Bonk